Unia Genosis

ROSEN-KRIEG - Zwölfter Band

Unia Genosis

ROSEN-KRIEG - Zwölfter Band

"war of the roses" / "guerre des roses"

Goldene Rakete Verlag für Belletristik

Imprint

Cover image: www.ingimage.com

Publisher:
Goldene Rakete Verlag für Belletristik
is a trademark of
International Book Market Service Ltd., member of OmniScriptum Publishing Group
17 Meldrum Street, Beau Bassin 71504, Mauritius

Printed at: see last page
ISBN: 978-620-2-44543-6

Inhaltsverzeichnis:

I. Unterhaltssache (2019):

1. Schreiben der Kanzlei „ehr&wehr“ an die Kanzlei „Wohlsein“:[1]

A. ./. G.

Sehr geehrte Frau Kollegin,

in vorbezeichneter Angelegenheit hat Ihre Mandantin, nachdem sie kurzzeitig Unterhalt für die älteste Tochter gezahlt hat, die Zahlungen eingestellt. Mein Mandant musste deshalb die Unterhaltsvorschusskasse in Anspruch nehmen.

Sie erhalten als **Anlage** 1 eine Mangelfallberechnung, nach dem Schema der Unterhaltsvorschusskasse zum Stand vom 01.01.2018.

Des Weiteren erhalten Sie als Anlage 2 eine Zusammenstellung meines Mandanten über die seitens Ihrer Mandantin geschuldeten Unterhaltsbeträge für die älteste Tochter.

Hierin sind die von der Unterhaltsvorschusskasse an meinen Mandanten gezahlten Beträge ausgewiesen unter Berücksichtigung der Zahlungen der Unterhaltsvorschusskasse. Hiernach ist ein Rückstand von 3.950,00 € aufgelaufen.

---

[1] 19.03.2019

Ihre Mandantin wird aufgefordert, diesen Betrag anzuerkennen und innerhalb von zwei Wochen ab Datum dieses Schreibens entweder an meinen Mandanten oder durch Überweisung auf eines meiner Konten zu zahlen.

Ich habe den Auftrag, umgehend nach ergebnislosem Ablauf dieser Frist den Unterhaltsanspruch für die älteste Tochter gerichtlich anhängig zu machen.

Gleichzeitig wird Ihre Mandantin aufgefordert, den Betrag von 403,00 € für 2019 anzuerkennen und zu zahlen, d.h., an meinen Mandanten den Differenzbetrag zu den 341,00 € der UVK.

Mit freundlichen kollegialen Grüßen

Rechtsanwalt

2. Schreiben der Kanzlei „Wohlsein" an die Kindesmutter:[2]

A. ./. G.

Sehr geehrte Frau G.,

in dieser Angelegenheit erhalten Sie anliegend das Schreiben des gegnerischen Prozessbevollmächtigten vom 19.03.2019. Bitte nehmen Sie dazu Stellung.

Ggfs. bitte ich um Ihre schriftliche Stellungnahme gegenüber unserer neuen Kollegin, die anstelle der ehemaligen Kollegin die Sache weiter bearbeiten wird.

Mit freundlichen Grüßen

(Rechtsanwalt)

[2] 26.03.2019

3. <u>Schreiben der Kindesmutter an die Kanzlei „Wohlsein“:</u>[3]

A. ./. G.

Sehr geehrte Frau RAin,

mit Schreiben vom heutigen Tag wurde ich von Herrn RA Ihnen gegenüber zu einer schriftlichen Stellungnahme zum Schreiben des sog. *„gegnerischen Prozessbevollmächtigten“* vom 19.03.2019 gebeten.

Hierzu sei zunächst mitgeteilt, dass zur bezeichneten Thematik *„Unterhalt für die älteste Tochter“* (vgl. S. 01/06) als Prozessbevollmächtigter die Kreisverwaltung – Sachgebiet Vormundschaften / Beistandschaften / Pflegschaften – zu benennen wäre, da *„auf Antrag des Kindesvaters ... das Kreisjugendamt für Ihr o.g. Kind Beistand gem. §§ 1712 ff. des Bürgerlichen Gesetzbuches (BGB) geworden“* ist (vgl. dazu das Schreiben der Mitarbeiterin vom 14.09.2018 unter **Anlage 1**).

[Es stellt sich daher vorab die Frage, ob sich der Kindesvater nicht bereits mit der Beauftragung (s)eines Rechtsanwaltes rechtswidrig verhält. Vgl. § 114 FamFG: *„Der Vertretung durch einen Rechtsanwalt bedarf es nicht, wenn ein Beteiligter durch das Jugendamt als Beistand vertreten ist.“* Bzw. § 234 (bzw. 173) FamFG – Vertretung eines Kindes durch einen Beistand: *„Wird das Kind durch das Jugendamt als Beistand vertreten, ist die Vertretung durch den sorgeberechtigten Elternteil*

[3] 26.03.2019

ausgeschlossen." Siehe dazu: *„Es ist nicht möglich, einen Beistand und einen Rechtsanwalt gleichzeitig für die Vertretung des selben Kindes zu bevollmächtigen.*" Quelle: Bürgerservice: http://www.beistandschaft.php. Deshalb empfehlen die Ämter, eine Beistandschaft einzurichten ODER einen Rechtsanwalt / eine Rechtsanwältin in Anspruch zu nehmen. Quelle: Bundesministerium für Familie, Senioren, Frauen und Jugend http://www.Broschuere-Die-neue-Beistandschaft.pdf.]

Zum sog. *„kurzzeitig*" gezahlten Unterhalt für die älteste Tochter sei erwähnt, dass ich (die Kindesmutter) den vereinbarten Betrag von 378 EUR von Juli bis Dezember 2016 bzw. von 387 EUR für die Kalendermonate Januar und Februar 2017 regulär überwiesen habe. Die Zahlungen wurden nur deshalb *„eingestellt*", weil sich beide Parteien auf einen von der Gegenseite geforderten (außergerichtlichen) Vergleich einzulassen bemüht waren.

Zur Erinnerung: Da Herr A. seinerzeit den Kindesunterhalt für beide Töchter in den Kalenderjahren 2014 und 2015 schuldete, musste auch ich (die Kindesmutter) die Dienstleistungen der Unterhaltsvorschusskasse in Anspruch nehmen. Der Unterhaltsrückstand musste seinerzeit mit anwaltlicher Unterstützung (nach gerichtlicher Entscheidung) anhand der Jugendamtsurkunde durch einen Gerichtsvollzieher eingezogen werden.

Da Herr A. des weiteren den Kindesunterhalt für beide Töchter im Kalenderjahr 2016 und – nachdem er die älteste Tochter erfolgreich zu sich gelockt hatte – für die jüngere Tochter auch in den Kalenderjahren 2017 und 2018 schuldete, musste ich erneut die Dienstleistungen der Unterhaltsvorschusskasse in Anspruch nehmen. Den

Unterhaltsrückstand für die jüngere Tochter habe ich inzwischen mithilfe der Beistandschaft eintreiben können.

Der noch ausstehende Unterhaltsrückstand für die ältere Tochter wurde bis auf den heutigen Tag noch immer nicht bezahlt. Bevor also Herr A. hier Forderungen geltend macht, möge er bitte seinerseits die noch offenen Beträge von **3.888,00 EUR** (vgl. Rückstandsberechnung Kindesunterhalt für die älteste Tochter unter **Anlage 2**) *„innerhalb von zwei Wochen ab dem Datum dieses Schreibens durch Überweisung“* auf mein Konto begleichen!

Nun zu den Mangelfallberechnungen: Nachdem die Unterhaltsvorschusskasse Herrn A. ab dem 15.09.2017 *„eine laufende Unterhaltsgewährleistung ... von monatlich 268,00 € gewährt“* hat, wurde mir mit Schreiben vom 29.09.2017 untersagt, *„für die Dauer der Leistungsbewilligung nach dem UVG ... Unterhaltszahlungen an Ihr o.G. Kind oder eine andere Person zu Gunsten dieses Kindes leisten [zu] dürfen“* (vgl. Schreiben der Mitarbeiterin vom 29.09.2017 unter **Anlage 3**).

Nach Berechnungen der Unterhaltsvorschusskasse wurde mir mitgeteilt, dass *„für das Jahr 2017 [meine] monatliche Unterhaltspflicht 199,00 €“* beträgt (vgl. hierzu die Mangelfallberechnung ab dem 01.09.2017 unter **Anlage 4**), für das Jahr 2018 eine *„vorläufige monatliche Unterhaltspflicht ... in Höhe von 198,00 €“* (vgl. hierzu die Mangelfallberechnung ab 01.01.2018 unter **Anlage 5**) besteht und sich der Zahlungsrückstand für den Zeitraum vom 15.09.2017 bis 31.03.2018 *„in Höhe von 1.297,13 €“* bemisst (vgl. dazu das Schreiben des Mitarbeiters vom 06.03.2018 unter **Anlage 6**).

Den von der Unterhaltsvorschusskasse geforderten Rückstand habe ich umgehend beglichen, die geforderten Beträge jeweils monatlich im Voraus an die Unterhaltsvorschusskasse überwiesen (hierzu dürfen gerne unter dem Aktenzeichen Erkundigungen bei dem Mitarbeiter – Durchwahl – eingeholt werden).

Mit Errichtung der Beistandschaft für meine älteste Tochter ergab sich dann ein verwaltungsinternes Dilemma: Die Mitarbeiterin von der Beistandschaft forderte mich dazu auf, den *„Mindestunterhalt von monatlich 370,00 € ... das das Ihnen bekannte Konto des Kindesvaters zu zahlen*" (vgl. Anlage 1), obwohl mir die Mitarbeiterin von der Unterhaltsvorschusskasse ausdrücklich untersagt hatte, *„für die Dauer der Leistungsbewilligung nach dem UVG ... Unterhaltszahlungen an Ihr o.G. Kind oder eine andere Person zu Gunsten dieses Kindes leisten [zu] dürfen*" (vgl. Anlage 3). Mit der ausdrücklichen Belehrung: *„Zahlen Sie trotzdem Unterhalt an Ihr o.g. Kind oder eine andere Person zu Gunsten dieses Kindes, bleiben die Forderungen des Landes Ihnen gegenüber dennoch bestehen*" (vgl. Anlage 3). Auf dieses Dilemma musste ich sowohl die Beistandschaft als auch die Unterhaltsvorschusskasse zunächst aufmerksam machen.

Nach erfolgter Mangelfallberechnung wurde *„für Ihre o.g. Tochter der Unterhalt ab 01.10.2018 auf monatlich 341,00 Euro*" festgelegt (vgl. dazu die Mangelfallberechnung ab 01.10.2018 unter **Anlage 7**) mit der Bitte, die Zahlungen *„weiterhin auf das Konto der Kreiskasse unter Angabe des o.a. Aktenzeichens zu leisten*" (sieh dazu das Schreiben der Mitarbeiterin vom 09.10.2018 unter **Anlage 8**).

Die von der Beistandschaft erbetene *„erstmalige Beurkundung"* erfolgte am 28.11.2018 vor dem Urkundsbeamten des Kreisjugendamtes (siehe dazu die Urkunde über die Verpflichtung zum Unterhalt vom 28.11.2018 unter **Anlage 9**), die mit dem Urkundsbeamten vereinbarte Neuausstellung der Jugendamtsurkunde dann am 15.01.2019 (vgl. dazu die Urkunde über die Verpflichtung zum Unterhalt vom 15.01.2019 unter **Anlage 10**).

Den geforderten und urkundlich festgelegten Betrag habe ich von Anfang an regelmäßig und monatlich im Voraus auf das Konto der Kreiskasse unter Angabe des Aktenzeichens geleistet (hierzu können bei der Mitarbeiterin – Durchwahl – Erkundigungen unter dem Aktenzeichen eingeholt werden).

Die derzeitig gültige Urkunde (Urkd.-Reg.-Nr. 2019) wurde lediglich in einem einzigen Punkt abgeändert, welcher wie folgt lautet: *„Ich verpflichte mich, an das o.g. Kind, bis zur Vollendung des 18. Lebensjahres … zu zahlen"* (vgl. Anlagen 9 und 10). In wenigen Monaten wird die erstgeborene Tochter voraussichtlich ihr 18. Lebensjahr vollenden.

Der Kindesvater realisiert gerade, dass – sollte es ihm nicht auch noch gelingen, die zweitgeborene Tochter rechtzeitig zu sich zu locken, wie er es seit Jahren ebenfalls mit allen Mitteln versucht – die Zahlungseingänge durch die Kindergeldkasse in einigen Monaten rückläufig sein dürften.

So, wie er in den letzten Jahren – emotional, gesundheitlich, psychisch, juristisch, finanziell, usw. – für viel Verwirrung gesorgt und nichts unversucht gelassen hat, um seinen Haushalt zu sanieren, Gelder einzutreiben und unliebsame Ausgaben (z.B. Zahlungen von Kindesunterhalt für seine eigenen beiden Töchter resp. später dann für seine jüngere Tochter) zu vermeiden, versucht er nun auf diese Weise seine Kasse zu füllen, indem er gleichzeitig Gelder von der Unterhaltsvorschusskasse einheimst und darüber hinaus noch fiktive Summen von der Kindesmutter kassieren möchte und seinen Anwalt nach Gutdünken Unsinn zusammenrechnen lässt.

Dass es sich um eine fiktives Wunschdenken der Herren Anwälte und A. handelt, dürfte auch anhand des inzwischen vorliegenden Einkommenssteuerbescheides für das Kalenderjahr 2017 nachgewiesen werden können (siehe dazu die **Anlagen 11 und 12**).

Sehr geehrte Frau RAin, hiermit bitte und beauftrage ich Sie, die nach drei Jahren noch immer *„offene[n] Unterhaltsschulden [A. an G.] für die älteste Tochter“* einzufordern (vgl. Anlage 2).

Mit freundlichen Grüßen

Kindesmutter

Rückstandsberechnung Kindesunterhalt für die älteste Tochter:
(vgl. Schreiben Kanzlei „Wohlsein“ vom 22.05.2018)

I. Kalenderjahr 2016:

i. Letztmalige Unterhaltszahlung Kindesvater im Januar 2016 (ausdrücklich „unter Vorbehalt der Rückforderung“): 334 EUR (nach Düsseldorfer Tabelle 2015) statt 355 EUR (nach Düsseldorfer Tabelle 2016); **fehlender Differenzbetrag: 21,00 EUR**.

ii. Keine Unterhaltszahlungen des Kindesvaters von Februar 2016 bis August 2016 (Entscheidung über den Wechsel des Aufenthaltsortes der ältesten Tochter erfolgte Ende August 2016 [29.08.2016] per Gerichtsentscheid, vgl. Vermerk des Amtsgerichtes vom 30.08.2016, Seite 2: „*Vereinbarung: Die Kindeseltern sind sich darüber einig, dass der zukünftige Lebensmittelpunkt des ältesten Kindes im Haushalt des Vaters ist.*“): **7 x 355,00 EUR = 2.485,00 EUR**.

iii. Zurückzufordern wären dementsprechend die von der Kindesmutter an den Kindesvater erbrachten Leistungen für die Kalendermonate Juli 2016 und August 2016 (die Ummeldung der ältesten Tochter erfolgte erst Mitte September 2016): **2 x 378 EUR = 756,00 EUR**.

iv. Zurückzufordern wären ebenfalls die Differenzen des zu viel gezahlten Kindesunterhalts für die Monate September 2016 bis Dezember 2016: 378,00 EUR – 341,00 EUR = **37,00 EUR x 4 = 148,00 EUR**.

⇨ Rückstand 2016: 21,00 EUR

\+ 2.485,00 EUR

\+ 756,00 EUR

\+ 148,00 EUR

= **3.410,00 EUR**

II. Kalenderjahr 2017:

v. Ebenfalls zurückzufordern wäre der für den Zeitraum Januar 2017 und Februar 2017 zu viel gezahlte Kindesunterhalt von (387,00 EUR – 139,00 EUR [Mangelfallberechnung]): **239,00 EUR x 2 = 478,00 EUR**.

⇨ Rückstand 2017: **478,00 EUR**

III. Kalenderjahre 2016/2017:

⇨ Rückstände 2016/2017: 3.410,00 EUR

\+ 478,00 EUR

= **3.888,00 EUR**

4. Schreiben der Kanzlei „Wohlsein“ an die Kindesmutter:[4]

A. ./. G.

Sehr geehrte Frau G.,

anliegend übersende ich wie besprochen den hier gefertigten Entwurf einer Stellungnahme zum gegnerischen Schreiben mit der Bitte um kritische Durchsicht und Freigabe bei Gutbefund.

Gerne können Sie mich im Falle von Änderungs- oder Ergänzungswünschen erreichen.

Mit freundlichen Grüßen

(Rechtsanwältin)

[4] 08.04.2019

5. Schreiben der Kanzlei „Wohlsein“ an die Kindesmutter:[5]

A. ./. G.

Sehr geehrte Frau G.,

in vorbezeichneter Angelegenheit übersenden wir Ihnen das Schreiben an die gegnerischen Rechtsanwälte mit der Bitte um Kenntnisnahme. Ferner übersenden wir Ihnen in der Anlage unsere Kostenvorschussrechnung mit der Bitte, den dort ausgewiesenen Betrag unter Angabe unseres Zeichens auf eines unserer angegebenen Konten zu überweisen.

Mit freundlichen Grüßen

(Rechtsanwältin)

[5] 10.04.2019

6. Schreiben der Kanzlei „Wohlsein“ an die Kanzlei „ehr&wehr“:[6]

A. ./. G.

Sehr geehrte Herren Kollegen,

in vorbezeichneter Angelegenheit komme ich auf Ihr Schreiben vom 26.03.2018 zurück.

Zu Ihren Forderungen nimmt unsere Mandantin wie folgt Stellung:

Aufgrund der Beistandschaft für die älteste Tochter dürfte Ihr Mandant nicht berechtigt sein, für diese Unterhalt einzufordern. Die Geltendmachung von Unterhaltsansprüchen für die älteste Tochter obliegt allein der Kreisverwaltung, siehe das in der Anlage beigefügte Schreiben vom 14.09.2018.

Unsere Mandantin hat in der Zeit von Juli bis Dezember 2016 einen monatlichen Beitrag i.H.v. 378,00 € überwiesen. Für die Kalendermonate Januar und Februar 2017 wurde jeweils ein Betrag von 387,00 € überwiesen. In der weiteren Folge wurden die Zahlungen zunächst eingestellt, weil man sich um einen außergerichtlichen Vergleich bemühte.

[6] 08.04.2019

Denn Ihr Mandant hatte bekanntlich einen erheblichen Zahlungsrückstand von Januar 2014 bis Oktober 2018 aufgebaut, der letztlich mit Vollstreckungsmaßnahmen, Gerichtsurteilen und mit Hilfe der Beistandschaft durchgesetzt werden musste.

Der für 2017 bestehende Rückstand wurde in Höhe des von der Unterhaltsvorschusskasse bezifferten Betrages durch unsere Mandantin umgehend an diese beglichen.

Mit Jugendamtsurkunde vom 15.01.2019 (Anlage) wurde für unsere Mandantin ein monatlicher Unterhaltsbetrag gegenüber der ältesten Tochter in Höhe von 341,00 festgesetzt. Dieser wird regelmäßig und monatlich im Voraus geleistet, zuletzt am 28.03.2019 für April 2019.

Bis einschließlich Februar 2017 hat unsere Mandantin unmittelbar an den Kindesvater gezahlt.

Bevor nun durch ihren Mandanten weitere Forderungen aufgestellt werden, mag dieser zunächst die hier noch offenen rückständigen Unterhaltsleistungen aus 2016 für die älteste Tochter an unsere Mandantin begleichen.

Mit Schreiben vom 22.5.2018 hatten wir den Unterhaltsrückstand für die älteste Tochter in Höhe von 3.888,- beziffert. Nach wie vor steht diese Zahlung aus.

Unterhaltsrückstand aus 2016:

Januar:
Letztmalige Unterhaltszahlung Kindesvater in Höhe von 334,- nach DT 2015 statt 355,- nach DT 2016 => fehlender Differenzbetrag = **21,- €**

Februar bis August:
Offene Unterhaltszahlungen des Kindesvaters
7 x 355,- € = **2.485,- €**

Juli bis August:
An den Kindesvater gezahlte Leistungen:
2 x 378,- € = **756,- €**

September bis Dezember:
zu viel gezahlten Kindesunterhalts:
378,- € – 341,- € = 37,- € x 4 = **148,- €**

21,- € + 2.485,- € + 756,- € + 148,- € = 3.410,- €

Unterhaltsrückstand aus 2017:

Januar und Februar:
zu viel gezahlter Kindesunterhalt
387,- € – 139,- € = 239,- € x 2 = **478,- €**

Gesamt für 2016 – 2017:

Rückstände i.H.v. **3.888,- €**

Insgesamt hat daher im Ergebnis unsere Mandantin einen Zahlungsanspruch gegen den Kindesvater in Höhe von 3.888,- €.

Für die Begleichung dieses rückständigen Betrages auf das Konto unserer Mandantin haben wir uns eine Frist bis zum

18.04.2019

notiert.

Mit freundlichen Grüßen

(Rechtsanwältin)

7. Schreiben der Kindesmutter an die Kanzlei „Wohlsein“:[7]

Sehr geehrte Damen und Herren,

vielen Dank für die Übersendung der Kostenvorschussrechnung. Sie wurde mir postalisch am 12.04.2019 zugestellt. Den ausgewiesenen Betrag habe ich noch selbigen Tages auf das von Ihnen angegebene Konto überwiesen.

Vielen Dank außerdem für die Übersendung des Schreibens vom 10.04.2019 an die gegnerischen Rechtsanwälte. Für die Begleichung des rückständigen Betrages in Höhe von 3.888,- € (Druckfehler auf Bl. 3) wurde eine Frist bis zum 18.04.2019 notiert.

Bis zum jetzigen Zeitpunkt ist – wie leider zu erwarten war – keinerlei Zahlung der Gegenseite auf meinem Konto eingegangen.

Mit freundlichen Grüßen

Kindesmutter

[7] 18.04.2019

8. <u>Schreiben der Kanzlei „Wohlsein“ an die Kindesmutter:</u>[8]

A. ./. G.

Sehr geehrte Frau G.,

anliegendes Schriftstück übersenden wir Ihnen mit der Bitte um Kenntnisnahme.

Mit freundlichen Grüßen

(Rechtsanwältin)

[8] 23.04.2019

9. <u>Schreiben der Kanzlei „Wohlsein“ an die Kanzlei „ehr&wehr“:</u>[9]

A. ./. G.

Sehr geehrte Herren Kollegen,

in vorbezeichneter Angelegenheit nehme ich Bezug auf unser Schreiben vom 12.04.2018. Unsere Mandantin teilt mit, dass der dort bezifferte und im Einzelnen dargelegte Unterhaltsrückstand in Höhe von 3.888,- € bisher noch nicht auf ihrem Konto eingetroffen ist.

Es wird daher eine letztmalige Frist zum Ausgleich gesetzt und zwar bis zum

15.05.2019

Nach fruchtlosem Ablauf wird der Anspruch gerichtlich geltend gemacht werden.

Mit freundlichen Grüßen

(Rechtsanwältin)

[9] 23.04.2019

10. Schreiben der Kindesmutter an die Kanzlei „Wohlsein“:[10]

Sehr geehrte Frau RAin,

anscheinend macht die Gegenseite einen auf „Totstellreflex“.

Zumindest ist bis zum heutigen Tag kein einziger Cent auf meinem Konto eingegangen.

Sollte es sich im Laufe des Tages noch ändern, werde ich es Ihnen umgehend mitteilen.

Mit freundlichen Grüßen

Kindesmutter

[10] 15.05.2019

II. Zwangsvollstreckung (2019):

1. Schreiben der Kanzlei „Wohlsein" an die Kindesmutter:[11]

A. ./. G.

Sehr geehrte Frau G.,

in vorbezeichneter Angelegenheit komme ich auf die Zahlungsrückstände der Gegenseite für 2016 und 2017 zurück:

Wie ich der umfangreichen Korrespondenz mit der Gegenseite entnehme, gab es Vergleichsverhandlungen, die sich auch auf Unterhaltszahlungen in 2016 und 2017 bezogen. Ich gehe zurzeit davon aus, dass es zu einer Einigung nicht gekommen ist.

Im Schreiben der Gegenseite vom 16.05.2017 wurde vorgeschlagen, einen Unterhaltsbetrag für die älteste Tochter von Januar bis Juni 2016 in Höhe von insgesamt 1.787,- € als berechtigt zu erkennen.

Insofern bitte ich Sie, um die Angelegenheit zu beschleunigen, mir zeitnah Unterlagen zur Verfügung zu stellen, aus denen sich die jeweiligen Zahlungen für 2016 und 2017 an den Kindesvater ergeben

[11] 21.05.2019

Auf dieser Grundlage lässt sich dann der rückständige Betrag beziffern und nötigenfalls gerichtlich eintreiben.

Mit freundlichen Grüßen

(Rechtsanwältin)

2. Schreiben der Kindesmutter an die Kanzlei „Wohlsein“:[12]

Sehr geehrte Frau RAin,

vielen Dank für Ihr Schreiben.

Die Rechnung der Gegenseite vom 16.05.2017 (vgl. Seite 03/08) beinhaltet leider einen kleinen Schönheitsfehler: der für die älteste Tochter von Januar bis Juni 2016 als berechtigt zuzuerkennende Unterhaltsbetrag müsste **1.796,- €** (statt 1.787,- €) betragen.

(Herr RA hat von den 6 x 355 € = 2.130 € die angeblich gezahlte Summe von 343 € abgezogen, dabei wurde für Januar 2016 jedoch nur **334 €** [statt 355 €] für die älteste Tochter bezahlt [also 21 € zu wenig]: 2.130 € - 334 € = 1.796 €).

Die jeweiligen Zahlungen für 2016 und 2017 an den Kindesvater erfolgten in folgender Höhe: 6 x 378 EUR = **2.268 EUR** für den Zeitraum Juli bis Dezember **2016** und 2 x 387 EUR = **774 EUR** für den Zeitraum Januar und Februar **2017**.

Mit freundlichen Grüßen

Kindesmutter

[12] 21.05.2019

3. Schreiben der Kindesmutter an die Kanzlei „Wohlsein“:[13]

Sehr geehrte Frau RAin,

anbei die benötigten Belege:

a) Für Juli bis Dezember 2016
b) Für Januar und Februar 2017.

Mit freundlichen Grüßen

Kindesmutter

[13] 22.05.2019

4. Schreiben der Kindesmutter an die Kanzlei „Wohlsein“:[14]

Sehr geehrte Frau RAin,

Wie ist der Sachstand bezüglich der beabsichtigten Vollstreckung des mehrfach mit Fristsetzung von Herrn A. geforderten Betrages von 3.888,- als Unterhaltsrückstand aus 2016/17?

Mit der Bitte um Antwort
und freundlichen Grüßen

Kindesmutter

[14] 21.06.2019

5. Schreiben der Kanzlei „Wohlsein“ an die Kindesmutter:[15]

A. ./. G.

Sehr geehrte Frau G.,

die Angelegenheit wurde von mir an unsere Expertin für Zwangsvollstreckung weitergeleitet, die sich nun weiter darum kümmert.

Über den weiteren Fortgang werde ich Sie selbstverständlich informiert halten.

Mit freundlichen Grüßen

(Rechtsanwältin)

[15] 24.06.2019

6. Schreiben der Kanzlei „Wohlsein" an die Kindesmutter:[16]

A. ./. G.
hier: Unterhaltsrückstände der ältesten Tochter

Sehr geehrte Frau G.,

in obiger Angelegenheit fassen wir noch einmal kurz die Unterhaltsrückstände zusammen:

Differenzbetrag für 01/2016	€ 21,00
Unterhalt für 02/2016 bis 08/2016	
= 7 x € 355,00	€ 2.485,00
	€ 2.506,00

Die Zwangsvollstreckung kann in Höhe von € 2.506,00 aus der Jugendamtsurkunde 2011 eingeleitet werden. Uns liegt lediglich eine Kopie dieser Urkunde vor. Stellen Sie uns bitte noch die vollstreckbare Ausfertigung zur Verfügung.

Der weiterhin von Ihnen bezifferte Anspruch in Höhe von € 1.382,00 ist nicht durch die vorgenannte Jugendamtsurkunde abgedeckt, da es sich nicht um nichtgezahlten Unterhalt zahlt. Dieser Rückforderungsanspruch müsste noch gesondert durch ein weiteres Klageverfahren tituliert

[16] 26.06.2019

werden, da wir nicht von einer einvernehmlichen Rückzahlung durch die Gegenseite ausgehen.

Wir werden – zur Vorbereitung einer Klage – diese Ansprüche gegenüber der Gegenseite nochmals detailliert beziffern und eine letzte Zahlfrist setzen. Hierüber erhalten Sie noch eine gesonderte Information.

Sofern Ihnen Informationen über die Einkommensverhältnisse (Arbeitgeber, Bankverbindungen, o. ä.) vorliegen, bitten wir um eine kurze Mitteilung, damit wir effektiv die Zwangsvollstreckung betreiben können.

Für Rückfragen hinsichtlich der Zwangsvollstreckung steht Ihnen unsere Expertin – gern auch telefonisch – zur Verfügung.

Mit freundlichen Grüßen

(Rechtsanwältin)

7. Schreiben der Kindesmutter an die Kanzlei „Wohlsein“:[17]

Sehr geehrte Frau RAin,

anbei die gewünschten Informationen über die Einkommensverhältnisse:

1. Arbeitgeber:
   a) Name / Anschrift / Fon / Mail
   b) Name / Anschrift / Fon / Mail
2. Bankverbindungen:
   a) Kreditinstitut / IBAN
   b) Kreditinstitut / IBAN

Die vollstreckbare Ausfertigung der Jugendamtsurkunde von 2011 liegt mir vor. Ich werde sie Ihnen postalisch zukommen lassen.

Mit freundlichen Grüßen

Kindesmutter

[17] 26.06.2019

8. Schreiben der Kindesmutter an die Kanzlei „Wohlsein“:[18]

Sehr geehrte Frau RAin,

die vollstreckbare Urkunde habe ich soeben per Einschreiben mit Rückschein an Sie abgeschickt.

Die Sendungsnummer lautet: XY1234.

Mit freundlichen Grüßen

Kindesmutter

[18] 26.06.2019

9. Schreiben der Kindesmutter an die Kanzlei „Wohlsein“:[19]

Sehr geehrte Frau RAin,

laut Auskunft befindet sich die Sendung aktuell in der Zustellung.

Bitte geben Sie mir doch kurz Bescheid, wenn sie bei Ihnen eingetroffen ist.

Mit freundlichen Grüßen

Kindesmutter

[19] 01.07.2019

III. **Pfändung (2019):**

1. Schreiben der Kanzlei „Wohlsein“ an die Kindesmutter:[20]

Sehr geehrte Frau G.,

die Urkunde ist heute eingegangen.

Die Pfändung werden wir umgehend auf den Weg bringen.

Bitte senden Sie uns die beigefügte Vollmacht per E-Mail und auf dem Postwege zurück.

Mit freundlichen Grüßen

(Rechtsanwältin)

[20] 01.07.2019

2. Schreiben der Kanzlei „Wohlsein“ an die Kindesmutter:[21]

A. ./. G.

Sehr geehrte Frau G.,

in obiger Angelegenheit haben wir heute die vollstreckbare Ausfertigung der Urkunde von 2011 erhalten.

Wir haben eine Pfändung bei dem Arbeitgeber sowie bei den beiden Banken beantragt.

Über den weiteren Verlauf werden wir berichten.

Mit freundlichen Grüßen

(Rechtsanwalt)

[21] 01.07.2019

3. Schreiben des Amtsgerichts an die Kanzlei „Wohlsein":[22]

In Sachen
G. ./. A.

Sehr geehrte Damen und Herren Rechtsanwälte,

der von Ihnen beantragte Pfändungs- und Überweisungsbeschluss wurde am 04.07.2019 erlassen.

Der Pfändungs- und Überweisungsbeschluss wurde an die Gerichtsvollzieherverteilerstelle bei dem zuständigen Amtsgericht zur Zustellung übersandt.

Wurden Ansprüche der Schuldnerpartei bei mehreren Drittschuldnern gepfändet, wird der Gerichtsvollzieher gemäß § 121 Abs. 2 Satz 7ff. GVGA den Beschluss nach Zustellung an den für den nächsten Drittschuldner zuständigen Gerichtsvollzieher weiterleiten, usw.

Die Zustellung an die Schuldnerpartei und die anschließende Übersendung des Beschlusses an Sie nimmt der zuletzt tätig gewesene Gerichtsvollzieher vor.

Die vorgelegten Vollstreckungsunterlagen erhalten Sie mit diesem Schreiben im Original zurück.

---

[22] 05.07.2019

Mit freundlichen Grüßen
Auf Anordnung

Justizbeschäftigte
Dieses Schreiben wurde elektronisch erstellt und ist ohne Unterschrift gültig.

4. Schreiben der Kanzlei „Wohlsein" an die Kindesmutter:[23]

A. ./. G.

Sehr geehrte Frau G.,

in obiger Angelegenheit hat das Amtsgericht den Pfändungs- und Überweisungsbeschluss antragsgemäß erlassen und die Zustellung an die Drittschuldner veranlasst. Eine Abschrift der Mitteilung vom 05.07.2019 fügen wir in der Anlage zu Ihrer Information bei.

Mit freundlichen Grüßen

(Rechtsanwalt)

---

[23] 09.07.2019

5. <u>Schreiben der Gerichtsvollzieherin an die Kindesmutter:</u>[24]

G. ./. A.

Sehr geehrte Frau G.,

in oben genannter Sache habe ich den Pfändungs- und Überweisungsbeschluss des Amtsgerichts heute an den Drittschuldner gemäß § 840 ZPO zugestellt.

Zur weiteren Bearbeitung des Zustellungsauftrages wurde der Beschluss an das nächste zuständige Amtsgericht weitergeleitet.

Es sind Kosten in Höhe von **24,50 EUR** entstanden.

<u>Die entstandenen Kosten bitte ich auf mein Dienstkonto zu überweisen.</u>

<u>Kostenrechnung GvKostG (KV = Kostenverzeichnis)</u>

Zust./Begl. KV 100-102/600	15,00 EUR
Wegegeld KV 711	6,50 EUR
Auslg.-Pauschale KV 716	3,00 EUR
Summe	**24,50 EUR**

1 x 840er ZU

Mit freundlichen Grüßen
Gerichtsvollzieherin
beim Amtsgericht

[24] 17.07.2019

6. Schreiben der Gerichtsvollzieherin an den Arbeitgeber als Drittschuldner:[25]

Zustellungsurkunde (§ 840 ZPO)

Beglaubigte Abschrift des vorstehenden **Pfändungs- und Überweisungsbeschluss** (PfÜB) nebst einer beglaubigten Abschrift dieser Zustellungsurkunde habe ich **heute** hier im Auftrag der Gläubigerin **Frau G.** zur Zustellung an Zustelladressat

Der Schuldner: Herrn A.

da ich d. Adressaten in der Wohnung nicht angetroffen habe und die Zustellung an einen(n) erwachsene(n) Familienangehörige(n) bzw. Mitbewohner(in) oder an eine in der Familie beschäftigte Person nicht ausführbar war, in einen zu der Wohnung gehörenden Briefkasten oder eine ähnliche Vorrichtung **eingelegt**.

Den Tag der Zustellung – ggf. mit Uhrzeit – habe ich auf dem Umschlag der Sendung / dem Schriftstück vermerkt.

Gemäß § 840 ZPO wird hierdurch d. Drittschuldn. auf Verlangen der Gläubigerin aufgefordert, mir zwecks Aufnahme in die Zustellungsurkunde oder binnen zwei Wochen von der Zustellung dieses Pfändungsbesschlusses an gerechnet meinem Auftraggeber zu erklären: 1. Ob und inwieweit d. Drittschld. die Forderung als begründet anerkennt und Zahlungen zu leisten bereit sei; 2. Ob und welche Ansprüche andere

[25] 17.07.2019

Personen an die Forderungen machen; 3. Ob und wegen welcher Ansprüche die Forderung bereits für andere Gläubiger vorgepfändet sei; nur bei Kontopfändung: 4. Ob innerhalb der letzten zwölf Monate im Hinblick auf das Konto, dessen Guthaben gepfändet worden ist, nach § 850l ZPO die Unpfändbarkeit des Guthabens angeordnet worden ist, und 5. Ob es sich bei dem Konto, dessen Guthaben gepfändet worden ist, um ein Pfändungskonto im Sinne von § 850k Abs. 7 ZPO handelt.

D. Angetroffene erklärt nach Vorlegen der obigen Fragen folgendes:

Die schriftl. Beantwortung der Fragen gem. § 840 ZPO zu 1.-3./5. Wird binnen 2 Wochen an den/die Auftraggeber(in) – s. o. – erfolgen.

Bitte wenden Sie sich bei allen Fragen an d. Auftraggeber / Gläub. / Vertr.!
D. Gerichtsvollz. Ist nur Zusteller.

Geschäftsnummer
(Kostrg. S. auch Pfändungs- und Überweisungsbeschluss)

Kostenrechnung GvKostG
(KV = Kostenverzeichnis)

A. Gebühren

Zust./Begl. KV 100-102/600	15,00 EUR
B. Auslagen:	
Wegegeld KV 711	6,50 EUR
Auslg.-Pauschale KV 716	3,00 EUR
Gesamtsumme	**24,50 EUR**

1 x 840er ZU

Rechtsbehelfsbelehrung: gegen diese Kostenrechnung kann Erinnerung beim Amtsgericht schriftlich oder zu Protokoll der Geschäftsstelle eingelegt werden. Es ist zweckmäßig, die Erinnerung zu begründen. Die Erinnerung kann als ein für die Bearbeitung durch das Gericht gem. §§ 2 und 5 ERVV geeignetes elektronisches Dokument eingereicht werden. Die verantwortende Person muss jedes Dokument mit einer qualifizierten elektronischen Signatur (QES) versehen und gem. § 4 ERVV oder signiert auf sicherem Übermittlungsweg gem. § 130a Abs. 4 ZPO einreichen. Weitere Informationen unter www.justiz.de.

Hinweis für Drittschuldner(in):
Der Betrag ist mit einzubehalten und an die Gläubigerin ggf. mit zu überweisen.

Gez. Gerichtsvollzieherin

Beglaubigt
Sämtliche verbundene Schriftstücke sind hiermit ebenfalls beglaubigt.

(Gerichtsvollzieherin beim AG)

7. Schreiben der Kindesmutter an die Kanzlei „Wohlsein“:[26]

Sehr geehrte Damen und Herren,

angehängtes Schreiben erreichte mich mit heutiger Post.

Angegebenen Betrag habe ich überwiesen („vorgestreckt“).

Die Schuldnerpartei möge ihn mir alsbald zurückerstatten.

Mit freundlichen Grüßen

Kindesmutter

[26] 19.07.2019

8. Schreiben des Arbeitgebers als Drittschuldner an die Kindesmutter:[27]

Per Einschreiben

KURZMITTEILUNG

Diese Form des Schreibens wurde zur Vereinfachung des Schriftverkehrs gewählt.

Bitte haben Sie dafür Verständnis.

Zutreffendes ist angekreuzt X oder ausgefüllt.

Geschäftsnummer

Amtsgericht, Pfändungs- und Überweisungsbeschluss

Beigefügte Anlage/n übersenden wir Ihnen mit der Bitte um:

Kenntnisnahme

Freundliche Grüße

Mitarbeiter

[27] 01.08.2019

9. Schreiben des Arbeitgebers als Drittschuldner an die Kindesmutter:[28]

Zustellungsurkunde (§ 840 ZPO)

Zu 1.:
Wird anerkannt und – zu gegebener Zeit – überwiesen. Der Schuldner verdient – monatlich – ca. 1.201,36 EUR – brutto –. Der Schuldner hat 2 unterhaltspflichtige Personen.
Das Einkommen des Schudners (1.201,- EUR) liegt unter dem pfändbaren Betrag.

Zu 2.:
Es liegen – keine – Ansprüche anderer Personen in Höhe von ca. / EUR vor.

Zu 3.:
Es liegen – keine – Vorpfändungen in Höhe von ca. / EUR vor.

Zu 5.:
Bei dem Konto handelt es sich – nicht – um ein Pfändungsschutzkonto gem. § 850 k Abs. 7 ZPO.

Vorgelesen / Zur Durchsicht vorgelegt, genehmigt, unterschrieben:

(Unterschrift und Stempel d. Drittschuldn.)

[28] 01.08.2019

10. Schreiben der Kindesmutter Kanzlei an die „Wohlsein“:[29]

Sehr geehrte Damen und Herren,

angehängtes Schreiben erreichte mich mit heutiger Post.

Mit freundlichen Grüßen

Kindesmutter

[29] 03.08.2019

11. Schreiben der Bank an die Kindesmutter:[30]

Neue EU-Datenschutzregeln seit 25. Mai 2018

Sehr geehrte Frau G.,

seit dem 25. Mai 2018 kommen neue Datenschutzregeln der EU zur Anwendung. Die neue Datenschutzgrundverordnung soll den Datenschutz in der EU vereinheitlichen und für alle Länder verbindlich regeln.

Auf den folgenden Seiten informieren wir Sie über die Verarbeitung Ihrer personenbezogenen Daten durch uns, aufgrund der mit unseren Kooperationspartnern geschlossenen Verträge, sowie über die Ihnen zustehenden Ansprüche und Rechte.

Freundliche Grüße

Bank eG

Dieses Schreiben wurde maschinell erstellt und ist auch ohne Unterschrift gültig..

[30] 05.08.2019

12. Schreiben der Kindesmutter an die Bank:[31]

Sehr geehrte Damen und Herren,

Ihr Schreiben vom 05.08.2019 erreichte mich mit heutiger Post.

Ich habe keinerlei Verträge mit Ihren Kooperationspartnern geschlossen.

Bitte teilen Sie mir mit, warum Sie mich dennoch angeschrieben haben.

Mit freundlichen Grüßen

Kindesmutter

[31] 07.08.2019

13. Schreiben der Bank an die Kindesmutter:[32]

Sehr geehrte Frau G.,

vielen Dank für Ihre Anfrage vom 07.08.2019, welche uns in unserer Funktion als Rechtsabteilung zur Beantwortung vorgelegt worden ist.

Gemäß der datenschutzrechtlichen Regelungen sind wir verpflichtet, Sie über die Verarbeitung von personenbezogenen Daten zu informieren.

Dieser Pflicht sind wir mit der Übersendung der Datenschutzhinweise nachgekommen, da wir von Ihnen Ihre Daten im Rahmen der von Ihnen ausgebrachten Pfändung gg. Herrn A. erhalten haben.

Aufgrund der bestehenden Kooperationen mit unseren Partnern besteht die theoretische Möglichkeit, dass wir auch von diesen Partnern personenbezogene Daten erhalten und verarbeiten.

In Ihrem Fall erfolgt die Datenverarbeitung aufgrund der vorgenannten, uns gegenüber ausgebrachten Pfändung.

Freundliche Grüße
MBA
Syndicus

Bank eG

---

[32] 08.08.2019

FSC
www.fsc.org
MIX
Papier | Fördert
gute Waldnutzung
FSC® C083411

Kolibri 360 GmbH
Ferdinand-Jühlke-Straße 7
99095 Erfurt, Deutschland
produktsicherheit@kolibri360.de

Druck:
CPI Druckdienstleistungen GmbH
im Auftrag der
Kolibri 360 GmbH
Ferdinand-Jühlke-Str. 7
99095 Erfurt